IK HOU ERVAN MIJN TANDEN TE POETSEN
I LOVE TO BRUSH MY TEETH

Shelley Admont
Geïllustreerd door Sonal Goyal en Sumit Sakhuja

www.sachildrensbooks.com
Copyright©2015 by Inna Nusinsky Shmuilov
innans@gmail.com

All rights reserved. No part of this book may be reproduced in any form or by any electronic or mechanical means, including information storage and retrieval systems, without written permission from the publisher or author, except in the case of a reviewer, who may quote brief passages embodied in critical articles or in a review.

Alle rechten voorbehouden. Niets uit deze uitgave mag worden verveelvoudigd, opgeslagen in een geautomatiseerd gegevensbestand, of openbaar gemaakt, in enige vorm of op enige wijze, hetzij elektronisch, mechanisch, door printouts, kopieën, of op welke andere manier dan ook, zonder voorafgaande schriftelijke toestemming van de uitgever.

First edition, 2016
Translated from English by Britt Slegers
Vertaald van het Engels door Britt Slegers

I Love to Brush My Teeth (Dutch English Bilingual Edition)/ Shelley Admont
ISBN: 978-1-77268-708-8 paperback
ISBN: 978-1-77268-709-5 hardcover
ISBN: 978-1-77268-707-1 eBook

Please note that the Dutch and English versions of the story have been written to be as close as possible. However, in some cases they differ in order to accommodate nuances and fluidity of each language.

Although the author and the publisher have made every effort to ensure the accuracy and completeness of information contained in this book, we assume no responsibility for errors, inaccuracies, omission, inconsistency, or consequences from such information.

Voor degenen van wie ik het meeste hou-S.A.

For those I love the most-S.A

De ochtend kwam en de zon scheen in het bos. Daar, in een klein huisje, woonde klein konijntje Jimmy met zijn ouders en twee oudere broers.

Morning came and the sun was shining in the faraway forest. There, in a small house, lived little bunny Jimmy, with his parents and two older brothers.

Mama kwam de kamer binnen die Jimmy deelde met zijn broers.

Mom came into the room that Jimmy shared with his brothers.

Eerst kuste ze de oudste broer die vreedzaam sliep in zijn blauwe bed. Daarna gaf ze een kus aan de middelste broer. Hij sliep nog steeds in zijn groene bed.

First she kissed the oldest brother, who slept peacefully in his blue bed. Next she gave a kiss to the middle brother. He was still sleeping in his green bed.

Tenslotte ging mama naar Jimmy's oranje bed en gaf Jimmy een kus.

Finally, Mom went to Jimmy's orange bed, and gave him a kiss.

"Goedemorgen kinderen," zei mama. "Het is tijd om op te staan."

"Good morning, children," said Mom. "It's time to rise."

De oudste broer klom uit zijn bed en ging naar de badkamer.

Getting out of bed, the oldest brother made his way to the bathroom.

"Wow!" riep hij, "ik heb een gloednieuwe tandenborstel! Het is blauw, mijn lievelingskleur. Bedankt mama." En hij begon zijn tanden te poetsen.

"Wow!" he shouted, "I have a brand-new toothbrush! It's blue, my favorite color. Thank you, Mom." He started to brush his teeth.

De middelste broer volgde hem. "Ik heb ook een nieuwe tandenborstel, de mijne is groen!" gierde hij, en begon ook zijn tanden te poetsen.

The middle brother followed him. "I have a new toothbrush as well, and mine's green!" he exclaimed and also began to brush his teeth.

Jimmy klom uit zijn bed en wandelde langzaam naar de badkamer. Waarom zou ik mijn tanden moeten poetsen? Dacht hij. Mijn tanden zijn prima zoals ze zijn.

Jimmy got out of bed and walked slowly towards the bathroom. *Why even bother brushing my teeth?* he thought. *My teeth are fine as they are.*

"Kijk Jimmy," zei zijn oudste broer, "je hebt ook een nieuwe tandenborstel. Het is oranje, net zoals je bed."

"Look, Jimmy," said his oldest brother, "you have a new toothbrush too. It's orange like your bed."

"Dus, ik heb een nieuwe tandenborstel, en dan?" Jimmy stond voor de spiegel, maar hij poetste nog steeds zijn tanden niet.

"So I have a new toothbrush, big deal." Jimmy stood in front of the mirror, but he still didn't start brushing his teeth.

"Kinderen, doe een beetje door! Het ontbijt is bijna klaar", hoorde ze hun moeder zeggen. "Is iedereen klaar met het poetsen van hun tanden?"

"Kids, hurry up! Breakfast is almost ready," they heard their mother's soft voice. "Has everyone finished brushing their teeth?"

"Ik ben klaar," antwoordde de oudste broer terwijl hij uit de badkamer rende.

"I've finished," answered the oldest brother and ran out of the bathroom.

"Ik ook," antwoordde de middelste broer. Hij rende achter zijn broer de keuken binnen.

"Me too," replied the middle brother. He ran after his brother to the kitchen.

"Mama, ik heb mijn tanden ook gepoetst," riep Jimmy. Hij wilde net de badkamer verlaten wanneer hij een stem hoorde.

"Mom, I finished brushing my teeth too," shouted Jimmy. He was just about to leave the bathroom, when he heard a voice.

"Je mag niet liegen," zei een stem. "Je hebt je tanden helemaal niet gepoetst."

"It's not nice to lie," the voice said. "You didn't brush your teeth."

"Wie zei dat?" vroeg Jimmy terwijl hij verbaasd rondom zich heen keek.

"Who said that?" asked Jimmy as he looked around in confusion.

Fronsend keek zijn nieuwe oranje tandenborstel hem aan. Hij kon zijn ogen of oren niet geloven.

Frowning at him was his new orange toothbrush, standing on the counter. He just couldn't believe his eyes...or his ears!

"Een tandenborstel kan niet praten," zei hij met een verbaasde stem.

"A toothbrush can't talk," he said in a stunned voice.

"Dat kan ik wel. Ik ben een magische tandenborstel," zei de tandenborstel trots. "Mijn taak is ervoor te zorgen dat IEDEREEN zijn tanden poetst."

"I sure can. I'm a magical toothbrush," said the toothbrush proudly. "My job is to make sure EVERYONE brushes his teeth."

Jimmy begon te lachen. "Ik poetste mijn tanden niet en er gebeurde niets ergs met me."

Jimmy laughed in response. "I didn't brush my teeth and nothing bad happened to me."

"Kijk naar jezelf," zei de tandenborstel. "Je tanden zijn geel en je adem stinkt verschrikkelijk."
"Look at yourself," the brush said. "Your teeth are yellow and your breath smells terrible."

"Dat is niet waar, tandenborstel. Dat verzin je!" Jimmy nam de tandenborstel en gooide hem in een hoekje van de badkamer.
"That's not true, brush. You're just making it up!" Jimmy took the toothbrush and threw it far into the corner of the bathroom.

Daarna liep hij naar de keuken om zijn ontbijt op te eten.
Then he ran into the kitchen to have his breakfast.

"Zo kan je mij niet behandelen," riep de tandenborstel, *"ik ben een magische tandenborstel. Ik zal je bewijzen hoe belangrijk ik ben."*

"That's no way to treat me," shouted the toothbrush. "I'm a magical toothbrush. I'll prove how important I am!"

Ondertussen zat Jimmy in de keuken naast zijn broers.

By this time, Jimmy was already sitting down next to his brothers in the kitchen.

Hij nam een boterham en wilde een grote hap nemen. Maar, de boterham sprong uit Jimmy's handen, recht op het bord van zijn broer.

He took a sandwich and brought it to his mouth. But then the sandwich jumped out of Jimmy's hands right onto the plate of his oldest brother.

In plaats van de boterham, beet Jimmy in zijn vingers – heel hard!

Instead of the sandwich, Jimmy had bitten his fingers — hard!

"Van wie is deze boterham?" vroeg de oudste broer.

"Who does this sandwich belong to?" the brother asked.

"Mijn boterham liep weg," antwoordde Jimmy. "Hij is van mij!"

"My sandwich ran away from me," answered Jimmy. "It's mine!"

"Jij hebt veel verbeelding, lieverd. Hoe kan een boterham weglopen?" vroeg zijn moeder.

"Quite an imagination you have, sweetie. How can a sandwich run away?" his mother said.

"Ik weet niet hoe, maar het is echt gebeurd," zei Jimmy.

"I don't know how, but that's really what happened," said Jimmy.

Mama gaf hem een groot bord met salade. "Hier, misschien eet je liever deze lekkere salade," zei ze.

Then, Mom gave him a big plate full of salad. "Here, perhaps you would like to eat a delicious vegetable salad instead," she said.

"Jammie, ik hou van salade," zei Jimmy, die net een grote hap wilde nemen. Plots stond het salade bord op en nestelde zich naast het bord van zijn middelste broer.

"Yummy, I love vegetable salad," said Jimmy, about to start eating. Suddenly, the salad plate leaped up and settled down on the table near his middle brother.

"Kijk," zei de middelste broer, "hoe komt jou bord hier plots terecht?"

"Look," said the middle brother, "how did your plate get over here?"

"Je hebt gelijk! Je eten loopt weg van je!" zei zijn moeder verbaasd. "Dat is vreemd."

"You were right, honey! Your food is running away from you!" said their astonished mom. "That's strange."

"Mama, ik heb honger. Wat kan ik eten?" vroeg Jimmy.

"Mom, I'm getting hungry already. What can I eat?" said Jimmy.

Mama dacht eventjes na. "Wat dacht je van je lievelingseten, worteltjes cake? Ik geef je een groot stuk!"

Mom thought for a moment. "How about your favorite carrot cake? I'll give you a big slice."

"Oh ja, worteltjes cake! Ik eet niets liever," juichte Jimmy van blijdschap, "bedankt mama."

"Oh yes, carrot cake! I love it so much," Jimmy shouted happily, "Thanks, Mom."

Maar voor Jimmy een grote hap uit zijn cake kon nemen, begon de cake doorheen de lucht te vliegen. Het vloog door de woonkamer en zette zich neer in de zetel.

However, before Jimmy could take the cake, it began to float in the air. It flew into the living room and settled on the couch.

Jimmy sprong van zijn stoel en begon de cake achterna te rennen.

Jimmy hopped out of his chair and started chasing the piece of cake.

Hij sprong op de zetel, maar de cake vloog weer naar de tafel. Jimmy liep terug naar de tafel, maar dan vloog de cake uit het huis. Jimmy holde erachter aan.

He jumped on the sofa, but the cake zoomed back to the table. Jimmy ran back to the table and then the cake flew out of the house. Jimmy rushed after it.

De cake vloog rondom het huis terwijl Jimmy het probeerde te vangen. Het maakte een ander rondje rondom het huis, en een ander rondje.. en Jimmy bleef erachter aan rennen.

The cake looped around the house while Jimmy trailed behind it. Another round and another and another, and still Jimmy followed.

Tot hij niet langer meer kon rennen. Moe, ging Jimmy zitten aan de voordeur en hij begon te huilen.

Until he had run out of breath. Tired, Jimmy sat down at the entrance of the house and started crying.

Op datzelfde moment, wandelde twee van zijn vrienden voorbij. "Hey Jimmy, zeiden ze," waarom kijk jij zo droevig? Kom je met ons spelen!"

At the same moment, two of his friends were passing by. "Hey, Jimmy," they greeted. "Why are you sitting here looking so sad? Come play with us."

"Ja, graag!" Jimmy rende naar hen toe. "Je kan niet raden wat er vandaag is gebeurd!"

"Yes, I'd like that!" Jimmy ran towards them. "You won't believe what happened to me today!"

Maar zodra hij zijn mond opende, riepen zijn vrienden,

But, as he opened his mouth, the friends shouted,

"Ieuw, wat een stank! Wij gaan ergens anders spelen, terwijl jij je tanden poetst!" En zijn vrienden liepen snel weg.

"Yikes, what a stink! We'll go play somewhere else while you go brush your teeth!" With that, they ran away.

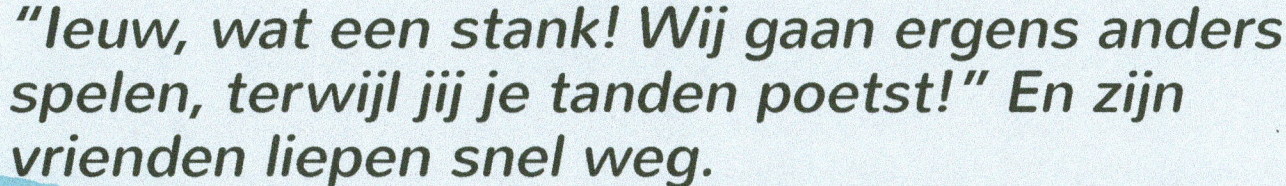

Barstend in tranen, liep Jimmy zijn huis binnen.

Bursting into tears yet again, Jimmy entered the house.

Hij ging naar de badkamer en zag zijn magische tandenborstel die door de lucht vloog. "Hallo Jimmy. Ik was op jou aan het wachten. Wil je je tanden nu wel poetsen?"

He went to the bathroom and saw the magical toothbrush flying in the air. "Hello, Jimmy. I've been waiting for you. Do you want to brush your teeth now?"

Jimmy begon zijn tanden te poetsen. Van de ene kant naar de andere, van boven naar onder, van voor naar achter. Hij poetste zijn tanden totdat ze glanzend wit waren.

Jimmy started brushing his teeth, from one side to the other, top and bottom, front and back. He brushed them until they became white and shiny.

Apetrots keek Jimmy naar zichzelf in de spiegel en zei: "Bedankt tandenborstel. Het was zeer leuk en aangenaam om mijn tanden te poetsen."

Gazing proudly at his reflection in the mirror, Jimmy said, "Thank you, brush. It was even nice and pleasant to brush my teeth."

"Je ziet er goed uit," zei de tandenborstel. "Trouwens mijn naam is Leah. Ik ben altijd hier om je te helpen."

"You look great," said the brush. "By the way, my name is Leah. I'm always here to help."

Zo werden Jimmy en Leah beste vrienden. Sinds die dag zoeken ze elkaar twee maal per dag op om Jimmy's tanden te beschermen en om ze sterk en gezond te maken.

That's how Jimmy and Leah became good friends. Ever since that day, they've seen each other twice a day to protect Jimmy's teeth and help them grow strong and healthy.

www.ingramcontent.com/pod-product-compliance
Lightning Source LLC
Chambersburg PA
CBHW051301110526
44589CB00025B/2903

MEER BOEKEN VAN SHELLEY ADMONT
MORE BOOKS BY SHELLEY ADMONT
www.sachildrensbooks.com

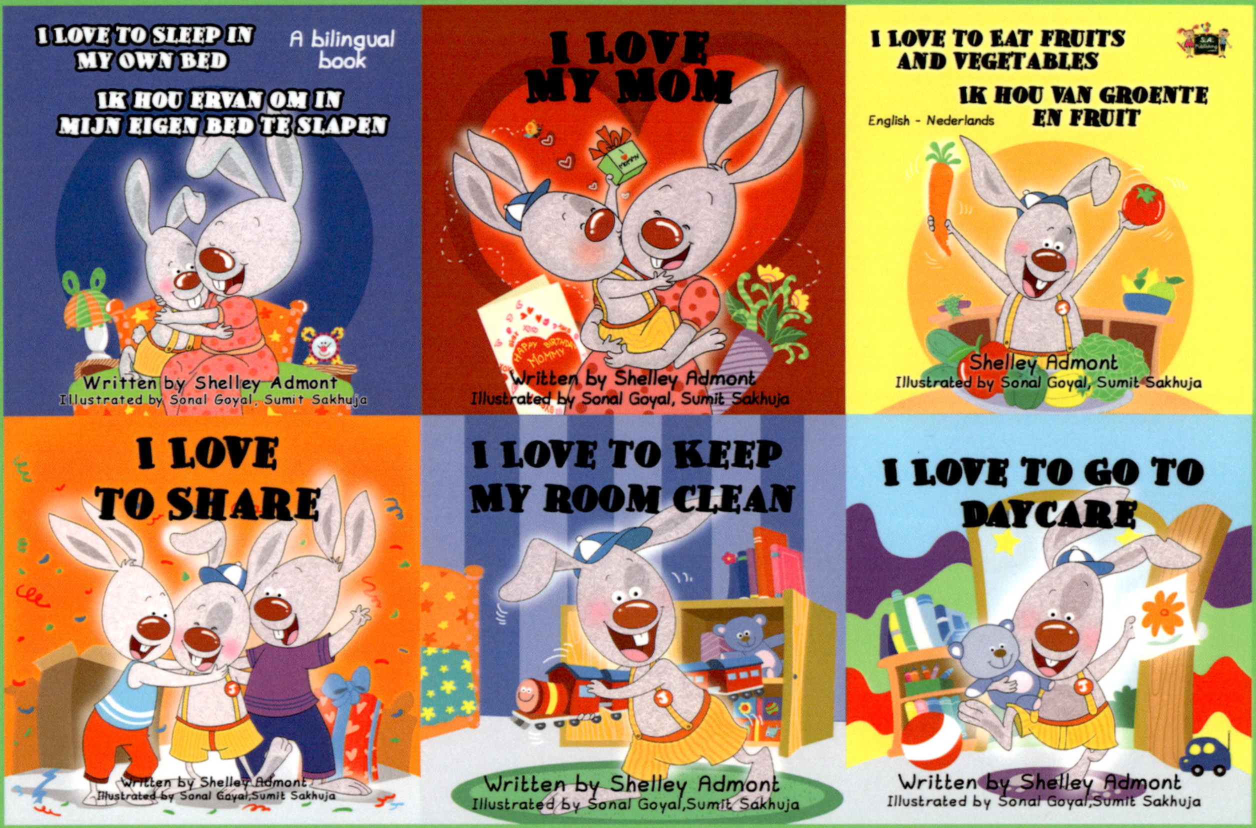